W9-BYB-237

Papi Juan Luis, Mami Celina, mi hermano
Juan y yo en un parque de atracciones

Yo

Vestida con el
uniforme del colegio

Mi confirmación

Yo y mi hermano Juan junto a nuestro
árbol de Navidad

Mami Celina, yo y mi hermano Juan
en el parque

Para Abuelita Mercedes, Mami Celina
y todas las mujeres que en mi vida me mostraron el camino.

—S.S.

Para Ana-Mita Betancourt, mi cuñada.

—L.D.

Pasando páginas

La historia de mi vida

Sonia Sotomayor

Ilustrado por Lulu Delacre

Traducido por Teresa Mlawer

Philomel Books

Mi historia es una historia sobre libros —de poemas y de cómics, de leyes y de misterio, de ciencia y de ciencia ficción— escritos tanto en español como en inglés.

Aunque nací y me crie en la ciudad de Nueva York, en casa hablábamos español, la lengua de la isla de Puerto Rico, de donde es mi familia.

Me costó mucho aprender inglés. Equilibrar dos idiomas en mi cabeza no siempre fue fácil, pero gracias a los libros, aprender se convirtió en algo divertido. Leer era como encender una vela, y cada libro una llama que iluminaba el mundo a mi alrededor.

¿Qué hacía que los libros fueran tan especiales? ¿Sería acaso que las palabras escritas encerraban una magia excepcional?

A cada paso de mi vida, fui encontrando las respuestas, como piezas de un rompecabezas.

Mi primer recuerdo del poder de las palabras
se lo debo a mi querida Abuelita. Todos los
sábados, junto con mis tías, tíos y primos,
nos reuníamos en su casa.

Después de cenar, la casa quedaba en silencio.
Abuelita cerraba los ojos y recitaba antiguos
poemas sobre la isla tropical que mi familia había
dejado atrás. Sus palabras eran como una
chispa que encendía los recuerdos de su lejana
y querida tierra.

En aquel entonces yo no sabía leer todavía,
pero las palabras escritas, pronto descubrí,
eran como corrientes eléctricas que infundían
sentimiento a la vida.

vuelvo a mi mundo adorado...
I return to my beloved world...

Cuando tenía siete años, me enfermé, y me diagnosticaron diabetes. Tenía tanto miedo a esa aguja grande que usaban para sacarme sangre en el hospital que una vez salí corriendo y me escondí debajo de un auto estacionado. Pero, aun así, tenía que inyectarme todos los días para poder vivir. ¡Las agujas me asustaban!

Encontré el valor en un lugar improbable—
los libros de cómic. Después de leer historias
de personas comunes que tenían superpoderes
secretos que podían salvar al mundo, me imaginaba
valiente y poderosa como ellos. Con el tiempo
aprendí a inyectarme yo sola, y me acostumbré
a la idea.

Los libros eran como pócimas mágicas que me
daban el valor de los superhéroes.

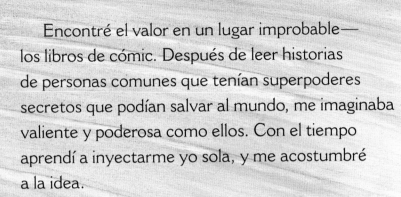
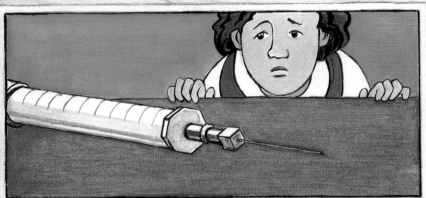

Puede que me sintiera como una superchica,
pero si quería volar, tenía que tomar un avión. Cuando
viajábamos desde los bloques de frío cemento del Bronx
a la soleada isla de Puerto Rico, comía mangos frescos
recién caídos de los árboles, bebía el agua de coco
directamente de la fruta y, de noche, me maravillaba al
ver el brillo de tantas diminutas y centelleantes criaturas
en la bahía. Pero lo que más me gustaba eran las
siestas en casa de mi tía en Mayagüez.
    A la hora del almuerzo comíamos arroz,
gandules y pollo guisado con sofrito— una
mezcla deliciosa de tomates, cebollas, ajo
y pimientos. Después, con la barriga
llena, mis tías, tíos y primos dormían
una siesta en esas tardes calurosas
llenas de paz y tranquilidad.

Su hora de siesta era mi tiempo de lectura.
Mis libros eran mis fieles compañeros.

Los libros eran mis leales amigos.
No permitían que me sintiera sola.

Cuando tenía nueve años, Papi, que
llevaba mucho tiempo enfermo, falleció.
Me sentí triste y confundida, y nuestra casa
se llenó de tristeza. Pero encontré un lugar
donde podía sentir consuelo y tranquilidad.

Durante todo ese verano, en la cercana
Biblioteca de Parkchester, me paseaba por
sus pasillos y tocaba aquellos volúmenes que
olían a viejo, hasta que, poco a poco, uno tras
otro, los libros fueron llamando mi atención.
Leí tantos libros como pude. Hubiera querido
leerlos todos.

Me sentía dichosa de tener una biblioteca
en mi barrio a la que podía ir andando desde
casa. Durante horas podía navegar hacia esas
maravillosas tierras escondidas en las páginas
de los libros que escogía.

La biblioteca era mi puerto, y los libros eran
pequeñas embarcaciones que me permitían
escapar de la tristeza que se sentía en casa.

Pero, el día que un repartidor llamó a la puerta cargando dos enormes y pesadas cajas, salir de casa ni siquiera me pasó por la mente.

—¿Qué hay dentro? —preguntamos mi hermano Juan y yo.

—Averigüen —dijo Mami.

Arrancamos la cinta de embalaje y
descubrimos ¡una enciclopedia completa!
Se trataba de una colección de veinticuatro
enormes volúmenes que revelaban
secretos del mundo, desde el átomo más
pequeño hasta la montaña más alta, desde
el desierto más caliente hasta la tundra
más helada. ¡Mami había creado una
biblioteca en nuestra propia casa!

Con cada volumen que abría, aprendía
nuevas palabras e ideas. ¡Eran milagros
de vida que crecían en mí y afuera, en el
mundo que me rodeaba!

Me sentía como un buzo que explora las
misteriosas profundidades del océano.
Los libros eran las aletas y el tubo de buceo
que me permitían llegar hasta allí.

De vuelta a la tierra, era Nancy Drew,
la joven detective, quien daba rienda suelta a
mi imaginación. Su vida en la ficción era muy
diferente a la mía: vivía en una casa grande,
situada en una calle bordeada de árboles, con
su padre, un reconocido abogado, con quien
investigaba y resolvía crímenes.

A pesar de nuestras diferencias, me dormía
pensando que yo era Nancy Drew. ¿Podría yo
también resolver esos misterios?

Los libros eran una máquina
del tiempo que me permitían
imaginar lo que sería cuando
fuera mayor.

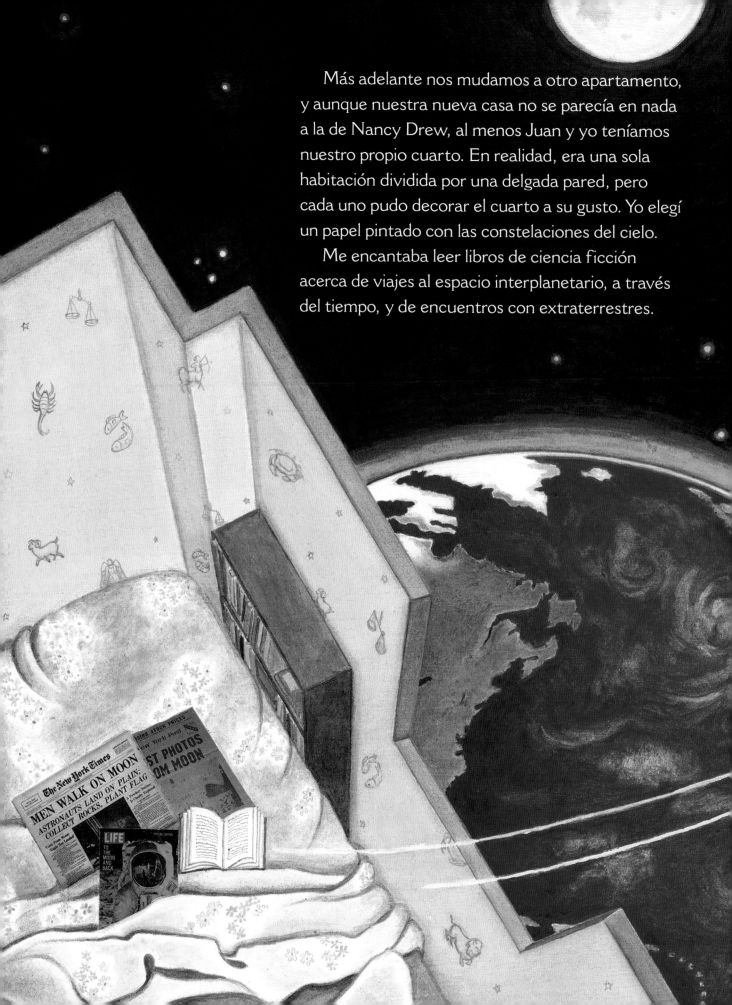

Más adelante nos mudamos a otro apartamento, y aunque nuestra nueva casa no se parecía en nada a la de Nancy Drew, al menos Juan y yo teníamos nuestro propio cuarto. En realidad, era una sola habitación dividida por una delgada pared, pero cada uno pudo decorar el cuarto a su gusto. Yo elegí un papel pintado con las constelaciones del cielo.

Me encantaba leer libros de ciencia ficción acerca de viajes al espacio interplanetario, a través del tiempo, y de encuentros con extraterrestres.

Sin embargo, lo que realmente
suponía una noticia emocionante era
que ¡astronautas de verdad acababan
de aterrizar en la Luna! Antes de partir,
dejaron un regalo de palabras, mensajes
de buena voluntad de varios países
de la Tierra. Entonces leí todo lo que
pude acerca del alunizaje. Si una hazaña
así era posible, cualquier cosa que
yo soñara también podía serlo.

Los libros eran la plataforma
de despegue que me impulsaba
directamente hacia mis sueños.

Según crecía y leía más, mi futuro poco
a poco iba tomando forma, como una bola
de arcilla que con esmero esculpes hasta
transformarla en una figura.

Mi maestra en la escuela secundaria asignó
a la clase la lectura de un libro sobre unos
chicos en una isla desierta que se comportaban
como salvajes por falta de orden y reglas.
Se hacían daño unos a otros en medio del caos
en una tierra sin ley.

Este libro me abrió los ojos. Me di cuenta
de que necesitamos reglas y leyes para
sentirnos seguros, y para que las personas
puedan tener la libertad de crecer y florecer.
No sabía entonces que terminaría trabajando
en leyes, como abogada y posteriormente
como juez, pero aprendí por qué las leyes
eran fundamentales.

Los libros eran lentes que exponían
las realidades del mundo que me rodeaba.

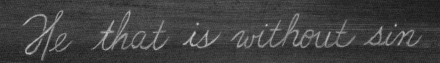

Un libro muy especial, la Biblia, me enseñó
cómo tratar al prójimo.

En una de las historias, una muchedumbre
se enfrenta a Jesús pidiendo castigo para una
mujer que había cometido una falta. Pero Jesús
los reta y les dice: «El que de vosotros esté libre
de pecado que le arroje la primera piedra». Sus
serenas y poderosas palabras hicieron a la gente
reflexionar. Despacio y en silencio, retrocedieron
y dejaron que la mujer se fuera a su casa.

Aprendí que a veces las personas actúan mal,
pero que no debemos precipitarnos a juzgarlas. En
ocasiones cometemos actos que pueden incluso herir
a los demás, lo cual no quiere decir que seamos malas
personas. La cuestión es recapacitar, pedir disculpas,
enmendar la situación y esforzarse en ser mejores.

Los libros eran maestros que me ayudaban
a distinguir entre el bien y el mal.

Cuando comencé la universidad en Princeton, los caminos arbolados y los viejos edificios de piedra eran muy diferentes de mi barrio en el Bronx. Experimenté una gran emoción por poder estudiar en esa institución, pero extrañaba mi casa y a mi familia, y a veces me sentía ahogada por las cosas que aún me faltaban por aprender.

Pronto descubrí la maravillosa Biblioteca Firestone de Princeton con su impresionante colección, donde podía encontrar todo tipo de libros. Era mucho más grande que la de mi barrio, y permanecía en ella durante muchas horas estudiando; incluso mejoré mi redacción con sus libros de gramática.

Los libros se convirtieron en el salvavidas que me ayudaba a mantener la cabeza fuera del agua.

Todas estas lecturas me mostraron los lugares más remotos del planeta y de esa pequeña isla tan cercana a mi corazón: Puerto Rico. Leí sobre hombres y mujeres de la isla que trabajaban duro y ganaban poco. Leí sobre cómo Puerto Rico pasó a ser parte de los Estados Unidos de América.

Tal como leía en los libros, mi abuelo trabajó en una fábrica de tabaco y se enfermó debido al polvo, y mi tía pasaba largas horas cosiendo pañuelos. Como muchos de los puertorriqueños que se mudaron a Nueva York, Mami tuvo una vida dura. Estudió durante muchos años para hacerse enfermera, y supo economizar y ahorrar para que Juan y yo pudiéramos tener un futuro mejor.

Había aprendido en los libros acerca del mundo exterior, pero ahora los libros me ofrecían un reflejo de la vida de mi propia familia.

Los libros eran un espejo de mi universo particular.

Cuando ejercí de abogada, utilicé casos reales que aparecían en los libros de leyes para convencer a los jueces de la inocencia o culpabilidad de las personas que estaban siendo juzgadas, si habían actuado bien o mal, y las razones.

Así como la historia de mi familia
se reflejaba en los libros de historia de
Puerto Rico, comprobé que los libros de leyes
mostraban los testimonios reales de personas
que habían quebrantado la ley, pero que tenían
derecho a una resolución justa.

Los libros de leyes eran mapas que nos
guiaban en pos de la justicia.

Justicia significa que todas las personas deben
recibir un trato justo ante la ley. Como juez asociada
de la Corte Suprema de Estados Unidos, esa es mi responsabilidad.

Como juez, estudio a fondo las palabras
más importantes de las leyes de Estados
Unidos —ese pequeño pero poderoso
documento conocido como la Constitución—
y decido si las leyes están de acuerdo con ella
o no. Todos los días me baso en las lecciones
de los libros de leyes del pasado, y escribo
explicaciones y opiniones que pasarán a formar
parte de los libros de leyes del futuro.

Los libros son llaves que desvelan la sabiduría
del ayer y abren la puerta del mañana.

Llama. Electricidad. Pócima mágica. Amigo.

Embarcación. Tubo de buceo. Máquina del tiempo.

Plataforma de despegue. Lente. Maestra. Salvavidas.

Espejo. Mapa. Llave.

Desde que tengo uso de razón, la palabra escrita
ha significado todo esto y mucho más para mí.
Como las losas de un camino, cada libro que leí
me ayudó a dar un paso más, el que necesitaba,
en mi educación y en mi vida personal,
aun cuando no sabía exactamente
hacia dónde me conduciría
el camino.

Pieza a pieza, completé mi rompecabezas.
¿Adónde te llevará tu viaje?

Cronología

25 de junio de 1954	Día en que nací en el Bronx.
Alrededor de 1960	Mi primer viaje a Puerto Rico.
1961	Me diagnosticaron diabetes.
1963	Mi Papi falleció.
Alrededor de 1966	Mami nos regaló una enciclopedia completa.
1968	Me gradué de la escuela primaria Blessed Sacrament Grammar School.
1969	Mi familia se mudó a Co-op City, y tuve mi propio cuarto en el nuevo apartamento.
1972	Me gradué de la escuela secundaria Cardinal Spellman High School.
1976	Me gradué de la Universidad de Princeton.
1979	Me gradué de la Facultad de Derecho de Yale.
1979	Comencé mi trabajo como Asistente Fiscal en el Condado de Nueva York.
1984	Entré a formar parte del bufete de abogados Pavia & Harcourt.
1992	Fui nombrada Juez Federal del Distrito Sur de Nueva York.
1998	Comencé mi trabajo como Juez Federal de la Corte de Apelaciones del Segundo Circuito.
26 de mayo del 2009	El Presidente Barack Obama me nominó candidata a Juez Asociada del Tribunal Supremo de Estados Unidos.
8 de agosto del 2009	Tomé juramento como el juez número 111 del Tribunal Supremo de Estados Unidos.

Debo mucho a los niños que me enseñaron que los abrazos son importantes para ser felices.

Este libro ha sido posible gracias a mi colaboración con Ruby Shamir, quien me ayudó a conceptualizarlo y darle vida. Mi querida amiga Zara Houshmand ayudó asegurándose de que mi voz se proyectara de una manera clara.

Lulu Delacre ha ilustrado mis palabras de la manera más hermosa. Ambas compartimos muchas experiencias de la vida, y puso todo su corazón en sus dibujos. Teresa Mlawer ha traducido fielmente mis palabras del inglés al español manteniendo el espíritu de mi historia, y mis amigos Xavier Romeu-Matta y Lyn Di Iorio revisaron la traducción. Les estoy muy agradecida a todos.

Aprecio profundamente la asistencia de Jill Santopolo, mi talentosa editora en Penguin Random House, quien se aseguró de que los niños pudieran entender mis pensamientos.

Atesoro los sabios consejos de Peter y Amy Bernstein, de la Agencia Literaria Bernstein, y de mis abogados, John S. Siffert y Mark A. Merriman. Doy las gracias a mi prima Miriam Ramirez Gonzerelli, y a mis amigos Ricki Seidman, Robert Katzmann, Jennifer Callahan, Lee Llambelis, y Theresa Bartenope, por haberme ayudado a mejorar el libro con sus acertados comentarios.

Y, finalmente, mis ayudantes Susan Anastasi, Anh Le, y Victoria Gómez organizan mi vida con tal habilidad que consiguen que tenga tiempo para escribir un libro como este.

PHILOMEL BOOKS
an imprint of Penguin Random House LLC
375 Hudson Street, New York, NY 10014

Text copyright © 2018 by Sonia Sotomayor.
Illustrations copyright © 2018 by Lulu Delacre.
Translation copyright © 2018 by Penguin Random House LLC.
First Spanish language edition, 2018.   Original English title: *Turning Pages: My Life Story*.
Penguin supports copyright. Copyright fuels creativity, encourages diverse voices, promotes free speech, and creates a vibrant culture. Thank you for buying an authorized edition of this book and for complying with copyright laws by not reproducing, scanning, or distributing any part of it in any form without permission. You are supporting writers and allowing Penguin to continue to publish books for every reader.

Philomel Books is a registered trademark of Penguin Random House LLC.

Library of Congress Cataloging-in-Publication Data
Names: Sotomayor, Sonia, 1954– author. | Delacre, Lulu, illustrator. | Mlawer, Teresa, translator.
Title: Pasando páginas : la historia de mi vida / Sonia Sotomayor ; ilustrado por Lulu Delacre, traducido por Teresa Mlawer. | Other titles: Turning pages. Spanish | Description: New York, NY : Philomel Books, 2018.
Identifiers: LCCN 2018012361 | ISBN 9780525515494 (hardback) | ISBN 9780525515531 (e-book) | ISBN 9780525515517 (e-book) | Subjects: LCSH: Sotomayor, Sonia, 1954– —Juvenile literature. | Hispanic American judges—Biography—Juvenile literature. | Judges—United States—Biography—Juvenile literature. | United States. Supreme Court—Officials and employees—Biography—Juvenile literature. | BISAC: JUVENILE NONFICTION / Biography & Autobiography / Political. | JUVENILE NONFICTION / Biography & Autobiography / Women. | JUVENILE NONFICTION / People & Places / United States / Hispanic & Latino.
Classification: LCC KF8745.S67 A318 2018 | DDC 347.73/2634 [B]—dc23
LC record available at https://lccn.loc.gov/2018012361

Manufactured in China by RR Donnelley Asia Printing Solutions Ltd.
ISBN 9780525515494
3 5 7 9 10 8 6 4

Edited by Jill Santopolo.   Design by Jennifer Chung.   Text set in Cantoria MT Std.
The art was done in mixed media: oil washes on primed Bristol paper with collage elements.

FOTOS DE MI VIDA

Con amigos y familiares en la Universidad de Princeton

Abuelita Mercedes, yo y mi primo Alfred

Yo y otros Jueces del Distrito Sur de Nueva York

Yo cuando era asistente fiscal

Mis sobrinos, Corey y Conner, y yo presenciando su primer partido de béisbol